Michelangelo

Piero Ventura

Michelangelo

erzählt die Geschichte
seines Lebens

Artemis Verlag

Michelangelos Lebensdaten

1475 6. März: Michelangelo Buonarroti wird in Caprese, einem kleinen Dorf in der Toskana, geboren.

1488 Michelangelo beginnt eine Lehre in der Malerwerkstatt der Brüder Ghirlandaio in Florenz.

1489 Michelangelo verläßt die Ghirlandaio-Werkstatt und tritt in die Kunstschule ein, die Lorenzo de' Medici eingerichtet hat; sein neuer Lehrmeister ist Bertoldo di Giovanni. Michelangelo wird Bildhauer.

1492 «Kampf der Kentauren».

1494 Reise nach Venedig und Bologna.

1495 Rückkehr nach Florenz; «Schlafender Cupido».

1496 Michelangelo reist nach Rom.

1498/99 Die erste große Marmorskulptur entsteht: die «Pietà».

1501 Rückkehr nach Florenz.

1501–1504 Arbeit am «David»-Kolossalstandbild.

1505 Michelangelo wird von Papst Julius II. nach Rom berufen. Er soll ein großangelegtes Grabmal für den Heiligen Vater errichten.

1506 Michelangelo ist über den Papst verärgert und kehrt nach Florenz zurück. Versöhnung mit Julius II. in Bologna.

1508 Berufung nach Rom zur Ausmalung der Sixtinischen Kapelle.

1508–1512 Deckenfresko für die Sixtinische Kapelle: Szenen aus dem Alten Testament (Sibyllen und Propheten, Die Sintflut, Die Erschaffung Adams).

1513–1515 Statue des «Moses» für das Julius-Grabmal.

1516 Rückkehr nach Florenz.

1521–1534 Arbeit an den Skulpturen für das Grabmal der Medici in Florenz.

1528/29 Michelangelo wirkt als Befestigungsingenieur in Florenz.

1534 Michelangelo verläßt Florenz für immer und zieht nach Rom.

1534–1541 Arbeit am Riesenfresko des Jüngsten Gerichts (Sixtinische Kapelle).

1547 Michelangelo wird zum obersten Baumeister der im Bau befindlichen Peterskirche ernannt.

1558 Arbeit am Holzmodell für die Kuppel von Sankt Peter.

1538–1562 Studien zur Neugestaltung des Kapitolsplatzes in Rom.

1564 18. Februar: Michelangelo stirbt in Rom. Seine sterblichen Reste werden, seinem letzten Wunsche gemäß, nach Florenz überführt und in der Kirche Santa Croce bestattet.

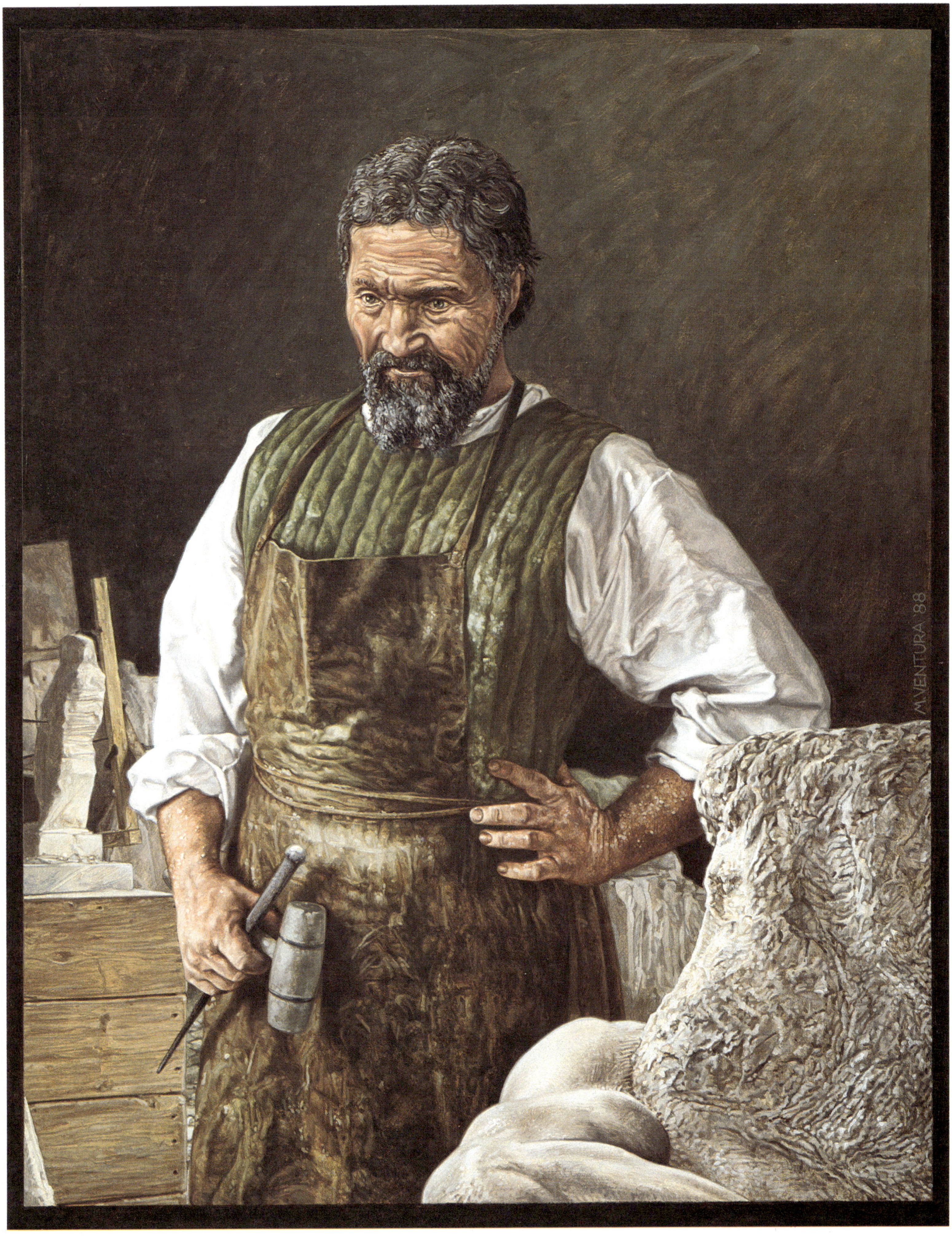
M. VENTURA '88

Milch mit Marmorstaub

Diese meine letzten Marmorfiguren – vielleicht werden sie den Altar einer Kirche schmücken, zu dessen Füßen eine einfache Steinplatte meine sterblichen Überreste zudeckt. Das habe ich von den Großen dieser Welt gelernt: sich zu Lebzeiten das eigene Grabmal zu schaffen. Wenn man nicht vergißt, daß der Tod auf jeden von uns wartet, so fällt es einem leichter, vernünftig zu leben. Man anerkennt seine Pflichten und versucht, seinen Mitmenschen nicht zu schaden. Was mich betrifft, so werde ich in Frieden mit allen und mit mir selbst sterben.

Meine Einbildungskraft hört nicht auf, mir neue Figuren und Formen vorzuführen, meine Hände jedoch sind alt und müde. Ob es mir wohl gelingt, diese angefangenen Skulpturen zu vollenden? Oder bin ich es etwa selbst, der mit der Fertigstellung zögert, um den unerbittlichen Sensenmann noch ein Weilchen fernzuhalten? Ich muß dem Himmel danken für diese Tage, die mir noch geschenkt sind, um an meinen Marmorgebilden zu arbeiten.

Während meines ganzen Lebens wollte ich nichts als das, obwohl ich immer wieder genötigt wurde, den Meißel aus der Hand zu legen, um anderes zu tun: Malen und Bauen, also Tätigkeiten, die eigentlich nicht mein Beruf waren. Meinem hohen Alter zum Trotz soll ich, nach dem Willen des Papstes, weiterhin als oberster Bauleiter von Sankt Peter wirken. Wenn man mich als Architekten bezeichnet, protestiere ich. Maler – ja, das bin ich allerdings, denn als kleiner Junge lernte ich dieses Handwerk, und später habe ich ganze Wände und Decken mit Farben überzogen, wenn auch immer unter großen Mühen und kaum freiwillig. Ich wollte die Gestalten nicht durch den Zeichenstift zum Leben erwecken, sondern indem ich sie aus den Marmorblöcken herausholte, sozusagen aus ihrer Gefangenschaft befreite. Ist es denn mit unserer Seele anders? Auch sie ist doch eine Gefangene des Körpers und der Welt der sichtbaren Dinge: ihnen muß sie sich entwinden wie ein Schmetterling seinem Kokon.

Der Morgen dämmert herauf, und die Vögel zwitschern. Sie sind meine Freunde; ihr Gesang weckt meine Erinnerungen. Ich spreche jetzt mit niemandem mehr – so oder so, immer schon haben sie mir vorgeworfen, ich sei unerträglich und verrückt. Die Vögel aber verstehen mich. Sie entführen mich in die Stille meiner Hügel; dort verbrachte ich, lang ist's her, so manchen Tag im einsamen Betrachten der Landschaftsformen, der Gesteinsschichtungen, des herrlichen toskanischen Marmors, den ich dann sorgsam auswählte, um ihn herausschneiden zu lassen. Es ist auch die Stille meines heimatlichen Landstrichs mit seinen Weinbergen und den schattigen Waldflecken. Ich sehe Caprese, das kleine Dorf in den Hügeln der Toskana, wo ich geboren wurde ...

Mein Vater Lodovico, der gute Mann, strebte nach nichts anderem als nach kleinen Ämtern. Ganz stolz war er, daß man ihn von Florenz aussandte, um irgendeinem Dorf vorzustehen. Nur das Lesen, Schreiben und Rechnen beherrschte er: wie hätte er denn – so beteuerte er immer wieder – nach ehrenvolleren Aufgaben trachten sollen? Zwar liebte er es, unsere Abkunft von der Familie der Ca-

Michelangelo war zeitlebens ein nachdenklicher, eher in sich verschlossener Mensch; daß er sich dennoch öfters in Auseinandersetzungen verwickeln ließ, hing mit seinem Künstlerstolz und mit der Kompromißlosigkeit seiner Ideen zusammen.

nossa aus Reggio zu betonen, und zwar durch Simone, der im 13. Jahrhundert Podestà, also Bürgermeister, von Florenz war. Eine Prise aristokratischen Stolzes kann nicht schaden! Mein Bruder Buonarroto ist meinem Vater so ähnlich. Auch für ihn gibt es nichts Höheres, als zum Dorfvorsteher ernannt zu werden, wobei ihn dann aber die Zweifel peinigen, ob er das Amt annehmen solle oder nicht.

Welche Genugtuung erfüllte Lodovico und Buonarroto, wenn sie, hoch zu Roß, Einzug hielten in einem kleineren oder größeren Dorf. Sie kauften sich ein neues Kleid, einen Samthut mit dazugehöriger schlanker Feder und nahmen mit ihrem bescheidenen Hausrat Wohnsitz an ihrem neuen Wirkungsort. Das waren ihre großen Ausgaben! Die sie meist mit meinem Geld tätigten, immer in der guten Absicht, versteht sich, eines Tages ihre Schulden zurückzubezahlen. Dann und wann packte mich die Wut, weil sie es nicht für nötig hielten, mich in ihre Pläne einzuweihen. Aber natürlich war ich in meinem Herzen glücklich, dem Vater und meinen Brüdern beistehen zu können. Wenn sie das doch hätten begreifen wollen! Für wen habe ich mich denn abgemüht, wenn nicht für meine Familie?

Nach einigen Jahren kehrten wir von Caprese nach Florenz zurück. Meine Mutter Francesca starb, als wir noch kleine Kinder waren. Mich hatte man nach Settignano, einige Meilen außerhalb der Stadt, geschickt, wo mein Vater ein kleines Landgut besaß. Meine Amme war die Tochter eines Steinmetzen, und einen Steinmetzen hatte sie geheiratet. So habe ich den Marmorstaub mit der Milch in mich hin-

Von seinem Vater Lodovico erbte Michelangelo die Kraftnatur, die es ihm erlaubte, bis ins hohe Alter jenen körperlichen Anstrengungen, die sein Bildhauerberuf mit sich brachte, gewachsen zu sein.

eingesogen, und er ist mir im Blut geblieben – für immer. Daraus ist meine Leidenschaft entsprungen. Denn vom Marmor kenne ich jedes Geheimnis: Vorzüge und Fehler, wie man ihn gewinnt und transportiert, welche zauberhaften Gebilde man aus ihm formen kann! Auch kenne ich die Mühsal, die er demjenigen abverlangt, der sich vorgenommen hat, ihn zu bearbeiten. Der Marmor ist verflucht hart und schwer. Doch was aus ihm gemacht ist, überdauert die Zeiten.

Mein Vater bestand darauf, daß ich die Grammatikschule besuchte, und eine Weile ging ich auch hin. Wäre ich nicht vom Marmor besessen gewesen, so hätte ich durchaus ein Gelehrter werden können. Mein Freund Francesco Granacci mußte sich mehr als einmal die Schimpftiraden meines Vaters anhören – er warf ihm vor, mich vom rechten Weg abzubringen, weil Francesco mich in die Werkstätten der Künstler mitnahm. Dort, so meinte mein Vater, lerne man nichts Gutes. Doch schließlich konnte ich ihn überzeugen, mich in die Lehre bei den Brüdern Domenico und David del Ghirlandaio zu schicken. Damals bemalten sie den ganzen Chor von Santa Maria Novella mit Fresken und brauchten Jünglinge, die ihnen die Farben zerrieben. Es waren gute Lehrmeister, aber sehr reizbar. Einmal erlaubte ich mir, eine Gestalt auf einem Entwurfskarton abzuändern, ohne sie vorher gefragt zu haben – das Weltende schien angebrochen! Aber schließlich beließen sie die Figur, wie *ich* sie gestaltet hatte.

Doch für mich war der schönste Ort von Florenz der Garten von San Marco. In diesem mediceischen Villengarten, wo Lorenzo il Magnifico, der Herrliche, die wunderbarsten antiken Skulpturen aufgestellt hatte, die man aus dem Boden ausgegraben, in diesem Freilichtmuseum, wo eine ganze Gruppe von Künstlern an den Statuen für seine Bibliothek arbeitete, hätte ich Tage, ja ganze Wochen zubringen mögen...

Im Gras lag ein Faunskopf, der mir besonders gefiel; doch das Lächeln des Gesichts war durch fehlende Teile entstellt. Aus der Werkstatt ließ ich mir ein Marmorstück, das man ausgeschieden hatte, geben, und in wenig Tagen war der Faunskopf nachgebildet, wobei ich ihm all seine fehlenden Zähne eingesetzt hatte. Als zufällig Lorenzo il Magnifico vorbeiging und diesen Kopf sah, brach er in Lachen aus: wie sollte ein Greis noch alle Zähne besitzen!? Ja, jetzt, da ich selbst einer bin, erfahre ich es am eigenen Leib ...

Michelangelo besuchte einige Zeit die Grammatikschule, doch seine große Liebe galt der bildenden Kunst. In späterer Zeit war er dann mit der Dichterin Vittoria Colonna befreundet und schrieb selbst tiefempfundene Gedichte.

Ich machte mich also nochmals an die Arbeit. Schließlich gefiel mein Faunskopf Meister Bertoldo so sehr, daß er mir nicht nur gratulierte, sondern mich auch einlud, künftig in der Werkstatt der mediceischen Gärten das Handwerk eines Bildhauers zu erlernen. Lorenzo in eigener Person sprach mit meinem Vater, und um ihn umzustimmen, versprach er ihm alle nur denkbare Unterstützung und war sehr erstaunt, als mein Vater in seiner Beschränktheit und Bescheidenheit nur ein kleines Amt in der Zollverwaltung für sich beanspruchte.

Lorenzo il Magnifico behandelte mich wie einen Sohn. Piero, sein Sohn, war im übrigen nur einige Jahre älter als ich, und wir wurden gute Freunde. Obwohl ich noch ein Jüngling war, lud mich Lorenzo oft zu Tisch, wo die anderen Künstler auch zugegen waren. Wer zuerst kam – so lautete das ungeschriebene Gesetz –, durfte sich den besten Platz aussuchen. Und so kam es, daß manchmal hohe Würdenträger weiter hinten an der Tafel speisen mußten, während ich, Michelangelo, mit Lorenzo Gespräche führen durfte!

Zu den Gästen zählten Künstler, Schriftsteller, Gelehrte und Philosophen. Am liebsten gewann ich Angelo Poliziano, den zarten Dichter. Mit ihm sprachen wir über Homer und Vergil und die antike Dichtkunst, dann aber auch über Italiens größte Poeten: Dante und Petrarca. Als mich der Papst viele Jahre später aufforderte, das Jüngste Gericht zu malen, mußte ich immer wieder – beinahe mit Angst – an das großartige dichterische Gemälde denken, das uns Dante mit seiner «Göttlichen Komödie» geschenkt hat. Im Vergleich zu seiner Schilderung von Hölle, Fegefeuer und Himmel erscheint mir mein eigenes Werk als unvollkommener Versuch.

Der Dichter Angelo Poliziano erzählte dem jungen Michelangelo die Geschichten aus der griechischen Mythologie. Am Hof von Lorenzo il Magnifico in Florenz verkehrten neben vielen Künstlern auch Gelehrte und Philosophen, so etwa die berühmten Lorenzo Valla und Marsilio Ficino.

Ein Faustschlag ins Gesicht

Angelo Poliziano war es, der mir so lange und ausführlich von den Kentauren und ihrem Kampf sprach, daß ich Lust bekam, eine Darstellung davon zu liefern. Aus der griechischen Sage versetzte ich die Geschichte in *meine* Sprache: es entstand ein Relief voll verschlungener Körper, ein wuchtiges Handgemenge unter jungen Männern. Alle gerieten in Staunen beim Betrachten meines Werks.

Was ich dargestellt hatte, kannte ich im übrigen aus eigenster Erfahrung. Im damaligen Florenz, das so übermütig und festfreudig war, endeten nicht wenige Essen und Zusammenkünfte mit einer regelrechten Keilerei. Mein entschlossener und eigenwilliger Charakter brachte es mit sich, daß ich immer in solche Händel verwickelt wurde. Wehe, wenn jemand meine großen Vorbilder Masaccio und Donatello antastete! In Verteidigung von Masaccios Malkunst geriet ich in Streit mit Pietro de' Torrigiani, einem vorlauten Raufbold, den alle fürchteten. Ein Faustschlag, den er mit voller Wucht gegen mein Gesicht führte, hätte beinahe mein junges Leben ausgelöscht. Als ich wieder zur Besinnung kam, war mein Nasenbein zertrümmert: mein Gesichtsausdruck für immer entstellt. Doch wenn es stimmt, was die Leute berichten, so hat es mit diesem Schläger ein schlimmes Ende genommen. Nach abenteuerlichen Irrfahrten, wobei er sich mehr als Soldat denn als Bildhauer auszeichnete, soll er in einem spanischen Gefängnis gestorben sein.

Aber ich, sterbe ich nicht auch weit entfernt von meiner geliebten Vaterstadt Florenz? Natürlich habe ich die höchsten Auszeichnungen hier in Rom erhalten, doch in Florenz war es, wo ich ausgebildet wurde, wo ich die Begeisterung für die Kunst eingepflanzt bekam. Es gibt kaum einen bedeutenden Künstler, der nicht kürzere oder längere Zeit durch jene Schule gegangen wäre. Als ich, noch blutjung und voller Hoffnungen, in Florenz lebte, hatte der große

Leonardo da Vinci sein Atelier dort und war uns allen ein Lehrmeister.

Auch Raffael aus Urbino war nach Florenz gekommen – fast noch ein Kind und doch voller Ehrgeiz –, um unsere toskanische Malweise kennenzulernen. Sein Lehrmeister Perugino wie auch die anderen Künstler am Hofe von Lorenzo il Magnifico wiederholten am liebsten immer wieder die altbewährten Muster. Es war Leonardo, der die florentinische Kunst grundlegend erneuert hat. Und ich, Michelangelo, bin jetzt wohl der letzte Vertreter dieser Richtung.

Die Verschwörung der Pazzi hatte gezeigt, wie unsicher die Herrschaft der Familie Medici in Florenz noch war. Bei diesem Anschlag wurde Lorenzo verletzt, sein Bruder Giuliano gar getötet. Nach dem Tod von Lorenzo il Magnifico änderte sich das politische Klima in Florenz. Sein Sohn Pietro besaß bei weitem nicht die Fähigkeiten des Vaters. Als der französische König Karl VIII. in Italien eindrang, wußte Pietro nichts Besseres zu tun, als ihm unsere Festungen zu überlassen. Angesichts dieser feigen Haltung erhob sich das Volk von Florenz, verjagte die Medici und forderte die Rückkehr zur republikanischen Regierungsform.

Meine Arbeitskollegen und ich hatten die Gefahr gewittert, und als der Aufstand ausbrach, hatten wir Florenz bereits verlassen. In meinem jugendlichen Übermut und meiner Gedankenlosigkeit hatte ich alle bewogen, mit mir nach Venedig zu kommen, wobei ich die ganzen Ausgaben aus meiner Tasche bezahlte. Jene Reise habe ich aber nie bereut – endlich sah ich diese außerordentliche Stadt. Venedig kam mir vor wie eine gigantische Skulptur, die aus dem Wasserspiegel auftaucht. Als ich mich dann wieder auf den Heimweg machte, fand ich in Bologna Gelegenheit, an zwei Statuen für San Domenico zu arbeiten.

In Florenz regierte nunmehr Pietro Soderini. Alle städtischen Verordnungen waren geändert worden. Ich hatte Mühe, meine Stadt wiederzuerkennen: wo waren die vielen Tavernen geblieben, aus denen früher bis weit nach Mitternacht Gesang und Musik drangen? wo die großen Feste in den Gärten der Reichen? Florenz gab sich nun streng und

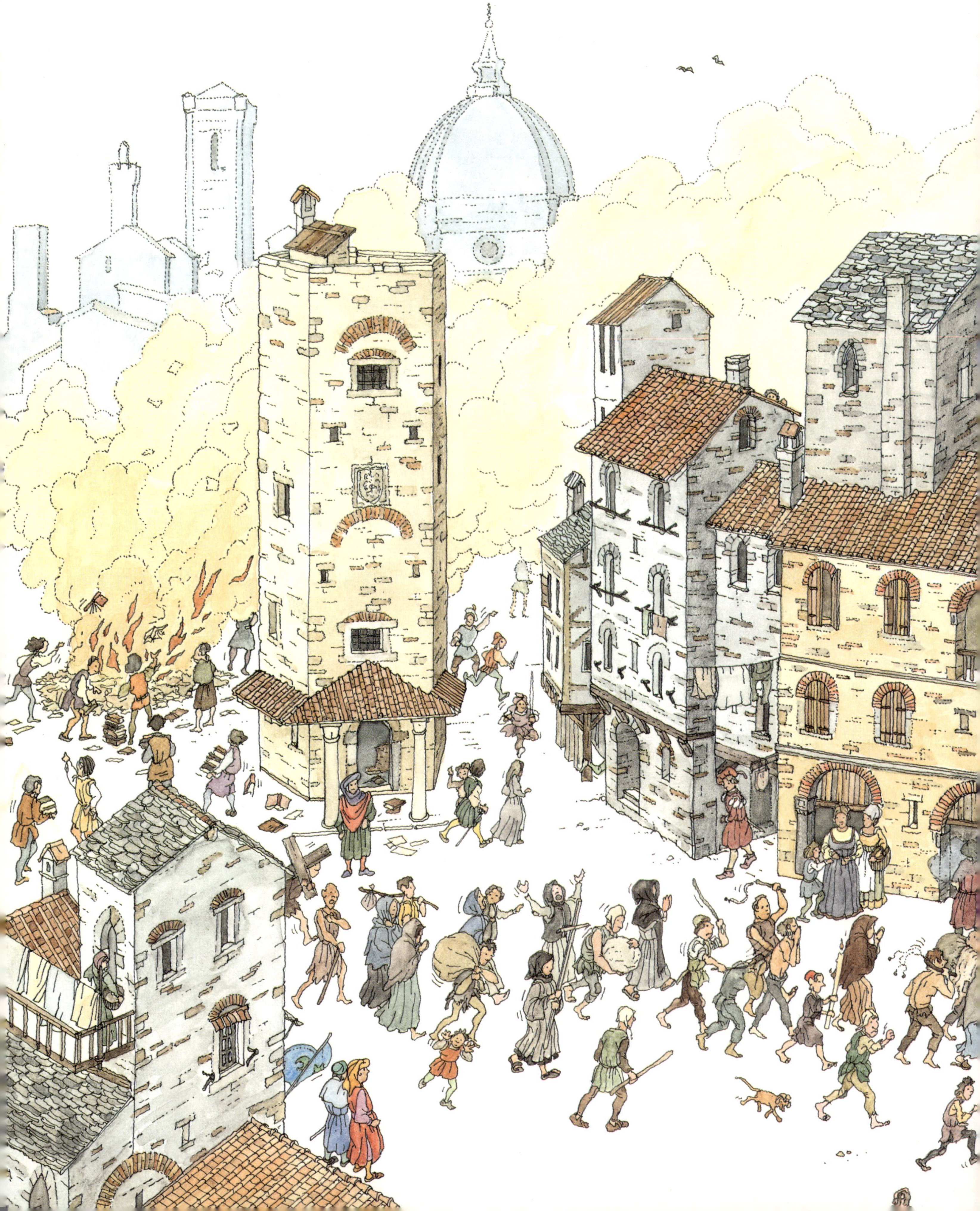

schuldbewußt. Die Predigten von Bruder Girolamo Savonarola übten eine gewaltige Wirkung aus. Auch ich ging hin, um ihn reden zu hören – und war beeindruckt von seiner kämpferischen Frömmigkeit.

Man mußte doch zugeben, daß in den letzten Jahrzehnten die Sitten mehr und mehr verwahrlost waren. Mancher hatte sich – sei es durch harte Arbeit, sei es durch gewagte Unternehmungen – ein Vermögen angeeignet und verschwendete es nun wie im Rausch. Die Einkünfte aus den großen Landgütern wurden in fragwürdige Spekulationen gesteckt, um möglichst rasch zu noch mehr Geld zu kommen. Gleichzeitig gerieten die Handwerker und Bauern zu Hunderten in Not. Der zur Schau getragene Luxus der Reichen stand in krassem Gegensatz zur Armut großer Bevölkerungsschichten. Die Brandreden von Savonarola prangerten diese Mißstände an und warnten vor dem göttlichen Zorn, der nicht mehr lange auf sich warten lassen würde. Ja, die Kirche selbst bedurfte, so predigte Bruder Girolamo immer wieder, einer durchgreifenden Reform. Wie weit hatte sie sich von ihrer ursprünglichen Reinheit entfernt! Wer die wahren Machtverhältnisse kannte, ahnte, was diesen strengen und provozierenden Bußprediger erwartete. Er wurde zum Tod verurteilt und auf dem Scheiterhaufen verbrannt.

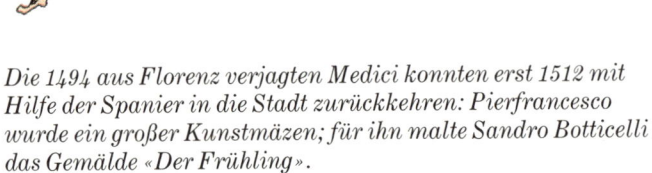

Die 1494 aus Florenz verjagten Medici konnten erst 1512 mit Hilfe der Spanier in die Stadt zurückkehren: Pierfrancesco wurde ein großer Kunstmäzen; für ihn malte Sandro Botticelli das Gemälde «Der Frühling».

Rom entdeckt Michelangelo

Florenz bildete so viele Künstler aus, daß diese gar nicht alle in der Stadt am Arno bleiben konnten. So ergriffen viele gern die Gelegenheit, andernorts ihr Können unter Beweis zu stellen. Man denke etwa an Leonardo, der die meiste Zeit in Mailand lebte, wo er für die mächtigen Sforza arbeitete; noch als alter Mann wagte er es, die lange Reise nach Paris auf sich zu nehmen, um in die Dienste des Königs Franz I. zu treten. Für mich hingegen sollte Rom zur Schicksalsstadt werden.

Wenn ich denke, daß meine erste Reise in die Ewige Stadt fast durch Zufall zustande kam! In der mediceischen Werkstatt hatte ich eine Putte gemacht; diese gefiel Pierfrancesco, dem Neffen von Lorenzo il Magnifico, so gut, daß er mir vorschlug: «Wenn du diese kleine Skulptur so herrichtest, als ob man sie aus der Erde ausgegraben hätte, dann kannst du sie als antikes Kunstwerk in Rom verkaufen lassen. Ein großer Gewinn wäre dir sicher...»

Ich folgte seinem verführerischen Ratschlag. Meine Putte wurde von einem Kardinal gekauft, der keine Ahnung von Kunst hatte, aber sich – um auf der Höhe der Zeit zu sein – mit antiken Gegenständen umgeben wollte. Er bezahlte dem Händler die schöne Summe von zweihundert Dukaten – dieser gab mir freilich nur dreißig. Jemand hat dann aber dem Kardinal einen Floh ins Ohr gesetzt; woraufhin dieser prompt einen Sekretär nach Florenz schickte, der alle Werkstätten aufsuchte. So kam er schließlich auch zu mir und gab vor, Kunstwerke kaufen zu wollen. Er verlangte von mir zu sehen, wie ich arbeitete. Also zeichnete ich ihm aus dem Stegreif eine Hand, was ihn sehr beeindruckte. Auf seine Frage, ob ich ihm nicht ein Bildhauerwerk zeigen

Michelangelos Ruhm als Bildhauer überschritt bald die Grenzen Italiens. Ins ferne Flandern überschickte er eine «Madonna». Der Sultan wollte ihn nach Konstantinopel berufen, um eine Brücke über den Bosporus von ihm entwerfen zu lassen.

könne, erzählte ich nichtsahnend, daß ich erst vor kurzem eine Putte nach Rom geschickt hätte. Und beschrieb sie ihm getreulich – so kam der Betrug ans Licht!

Da freilich auch ich geschädigt worden war (hatte doch der Händler den Löwenanteil vom Erlös für sich behalten), forderte mich der Sekretär auf, mit ihm nach Rom zu gehen. Dort sollte ich vom Kardinal meinen Schaden ersetzt bekommen, ja durfte sogar weitere Aufträge erwarten. Also reiste ich nach Rom. Doch bald merkte ich meinen Fehler. Als der Kardinal die ganze Geschichte erfuhr, geriet er nämlich in Wut, schickte meine Putte dem Händler zurück und ließ sich die zweihundert Dukaten ausbezahlen. Von weiteren Aufträgen war keine Rede mehr. Ich stand mit leeren Händen da.

Wie sollte ich nun nach Florenz zurückkehren? Was meinem Vater sagen, der mich beschworen hatte, nicht nach Rom zu reisen? Der Sekretär des Kardinals hatte mich in den reichen und kunstliebenden Kreisen Roms vorgestellt: Es mußte mir gelingen, von dort einen Auftrag zu erhalten. Endlich lachte mir das Glück. Ein Edelmann verlangte von mir eine Bacchusfigur. So faßte ich in der Ewigen Stadt Fuß. Die erste große Chance meines Lebens aber gab mir der französische Kardinal, der eine Statue wünschte für die Kapelle der Könige Frankreichs innerhalb der alten Peterskirche. Es sollte eine Madonna sein, die ihren toten Sohn beweinte.

Wir suchten zusammen den Marmorblock aus, und sofort machte ich mich mit Begeisterung an die Arbeit. Die Menschen, die mir beim Meißeln zugeschaut haben, sind immer wieder erstaunt, mit welcher Geschwindigkeit ich zu Werke gehe. Mehr als einer hielt mich für verrückt, weil ich derart auf den Marmor loshieb. Doch sie mußten sich alle eines Besseren belehren lassen. Die Geschwindigkeit kommt aus meiner Entschlossenheit, die Entschlossenheit resultiert aus meiner künstlerischen Sicherheit. Ganz klar sah ich damals vor meinem inneren Auge die Glieder des toten Christus auf den Knien seiner Mutter ruhen, sah, wie sie sich in schmerzerfüllter Betrachtung über ihn beugte. Was sollte ich da noch lange zögern?!

Alles machte ich selbst, arbeitete Tag und Nacht. Wenn ich am Steinhauen bin, so stört mich jede Unterbrechung. Wozu sich zu Tische setzen, wozu sich ausziehen und waschen, wenn man doch bald wieder voller Dreck und Staub ist? Ich aß ein Stück Brot beim Arbeiten. Wenn ich er-

Die Vorliebe fürs klassische Altertum war typisch für die Renaissance. Auch Michelangelo teilte diese Verehrung und war begeistert, wann immer ein antikes Kunstwerk ausgegraben wurde, so etwa, als man die Laokoongruppe entdeckte.

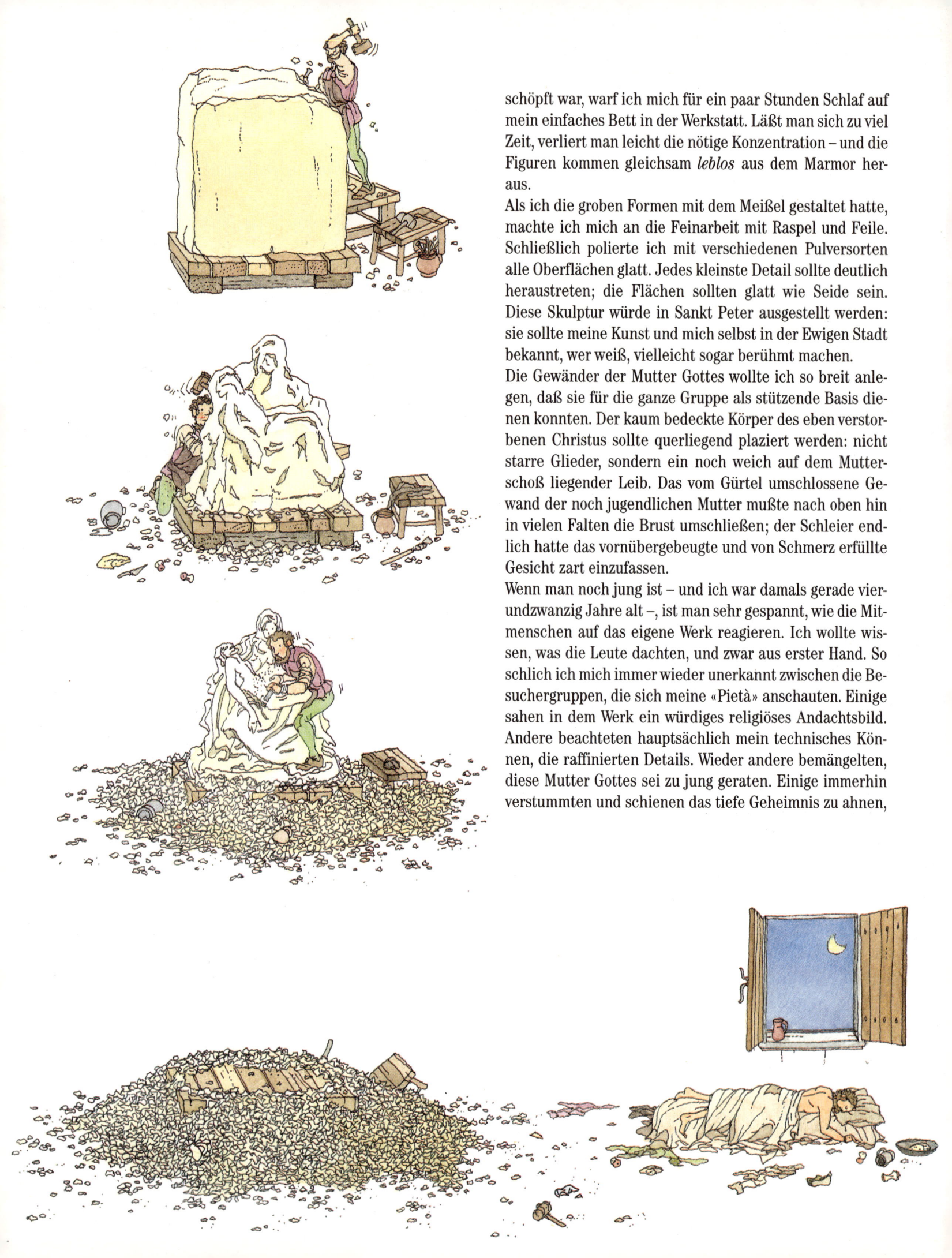

schöpft war, warf ich mich für ein paar Stunden Schlaf auf mein einfaches Bett in der Werkstatt. Läßt man sich zu viel Zeit, verliert man leicht die nötige Konzentration – und die Figuren kommen gleichsam *leblos* aus dem Marmor heraus.

Als ich die groben Formen mit dem Meißel gestaltet hatte, machte ich mich an die Feinarbeit mit Raspel und Feile. Schließlich polierte ich mit verschiedenen Pulversorten alle Oberflächen glatt. Jedes kleinste Detail sollte deutlich heraustreten; die Flächen sollten glatt wie Seide sein. Diese Skulptur würde in Sankt Peter ausgestellt werden: sie sollte meine Kunst und mich selbst in der Ewigen Stadt bekannt, wer weiß, vielleicht sogar berühmt machen.

Die Gewänder der Mutter Gottes wollte ich so breit anlegen, daß sie für die ganze Gruppe als stützende Basis dienen konnten. Der kaum bedeckte Körper des eben verstorbenen Christus sollte querliegend plaziert werden: nicht starre Glieder, sondern ein noch weich auf dem Mutterschoß liegender Leib. Das vom Gürtel umschlossene Gewand der noch jugendlichen Mutter mußte nach oben hin in vielen Falten die Brust umschließen; der Schleier endlich hatte das vornübergebeugte und von Schmerz erfüllte Gesicht zart einzufassen.

Wenn man noch jung ist – und ich war damals gerade vierundzwanzig Jahre alt –, ist man sehr gespannt, wie die Mitmenschen auf das eigene Werk reagieren. Ich wollte wissen, was die Leute dachten, und zwar aus erster Hand. So schlich ich mich immer wieder unerkannt zwischen die Besuchergruppen, die sich meine «Pietà» anschauten. Einige sahen in dem Werk ein würdiges religiöses Andachtsbild. Andere beachteten hauptsächlich mein technisches Können, die raffinierten Details. Wieder andere bemängelten, diese Mutter Gottes sei zu jung geraten. Einige immerhin verstummten und schienen das tiefe Geheimnis zu ahnen,

das ich hatte darstellen wollen. Den furchtbaren Schmerz einer Mutter angesichts ihres toten Sohnes – und zugleich das Niederströmen eines himmlischen Friedens.
Als eines Tages jemand nach dem Künstler fragte, meinte ein anderer, sein Landsmann, der Bucklige aus Mailand, sei der Schöpfer dieser Marmorgruppe. Da ließ ich mir die Schlüssel der Kapelle geben und ging nachts mit Werkzeugen und Laterne hin: in den Gürtel der heiligen Mutter meißelte ich *meinen Namen* ein!
Mein Vater, dem ich geschrieben hatte, daß meine große Skulptur beendet sei, meinte, ich sollte nun gleich nach Florenz kommen. Doch ich wollte auf keinen Fall mit leeren Händen heimkehren, und die großen Herren lassen sich beim Bezahlen ihrer Schulden Zeit. Endlich erhielt ich mein Honorar und machte mich auf die Reise.
Der Ruhm war mir vorausgeeilt. Als ich in Florenz ankam, beglückwünschten mich alle, daß es mir gelungen sei, mit meiner Pietà in Rom Anerkennung zu finden. So ist es eben: Im Vaterland lernt man dich erst schätzen, wenn aus der Ferne das Echo deiner Taten widerhallt. Mein Vater war der alte geblieben. Ich sollte mir, so meinte er, mit dem mitgebrachten Honorar ein kleines Landgut kaufen, um darauf zu wirtschaften. Noch immer wollte er nicht wahrhaben, daß ich zum Künstler, zum Bildhauer geboren war.

«Michelangelo
hat einen Toten zum Leben erweckt»

Neue Aufträge ließen nicht auf sich warten. Was mir aber am meisten Freude machte, war dies: Die Verwalter der Dombauhütte beschlossen, mir den sogenannten Marmorblock des Riesen anzuvertrauen. Das war ein wuchtiges, über vier Meter hohes Stück Marmor, das freilich nicht allzu viel Breite aufwies; ein ungeschickter Steinhauer hatte in früherer Zeit versucht, die Gestalt Goliaths daraus zu meißeln. Nach seinem Scheitern hatte kein Bildhauer mehr daran Hand anlegen wollen. Man hätte, so fürchteten sie alle, fremde Marmorstücke hinzufügen müssen, um eine gelungene Figur daraus zu formen. Und solche Hinzufügungen sieht man immer! Dieses ungeheure Stück Marmor, das so unglücklich angeknabbert war, wartete also noch immer auf den gerissenen Künstler, der es zu bezwingen verstand. Mir kam eine zündende Idee. Ich würde nicht

Die Künstler waren in sogenannten Gilden zusammengeschlossen. Man durfte seinen Beruf nicht ausüben, ohne in einer solchen Gilde eingeschrieben zu sein, deren Regeln man befolgen mußte.

Goliath daraus hervorzaubern, sondern dessen Gegenspieler – David.

Natürlich hatten schon andere Künstler diesen jungen Helden dargestellt, der mit seiner Schleuder den schwerbewaffneten Riesen tötet. Donatellos und Verrocchios Bronzefiguren waren schon sehr berühmt. Doch ich, Michelangelo, wollte nicht wie die andern den siegreichen Jüngling zeigen, den abgetrennten Kopf des Riesen triumphierend neben sich. Nein, ich würde genau jenen kritischen Augenblick festhalten, da er sich zum Kampfe ermannt und seine ganze Kraft – jene des Körpers und jene seines wachen Geistes – auf dieses eine Ziel hin zusammenrafft. Ich wollte zeigen, wie die Überzeugung, die moralische Energie diesen Jüngling durchglüht und ihn über sich selbst hinauswachsen läßt. Sein Blick würde unbeirrbar das Ziel anvisieren, ja gleichsam hypnotisch festbannen. Seine Muskeln würden in gelassener Spannung den inneren Befehl erwarten, der sie zu jenen – über Leben und Tod entscheidenden – Handlungen in Bewegung setzen wird.

Da ich ja nicht ausschließlich an diesem Riesenwerk arbeiten konnte, zog sich das Ganze über einige Jahre hin. Die Dombauhütte errichtete ein einfaches Brettergebäude über dem Block, damit ich auch bei schlechtem Wetter an meiner Davidfigur meißeln konnte. Manchmal war ich der Verzweiflung nahe. Die eigenartige Form des Blocks und die schon vorhandenen Eingriffe legten meinem Gestaltungswillen Fesseln an. Und doch wollte ich auf gar keinen Fall Marmor anfügen. Beim Modellieren des Tons darf man Material ansetzen, beim Bearbeiten des Marmors muß man Material *wegnehmen.* So blieben denn auf dem Rücken des Jünglings die Spuren des fremden Meißels als kleine Vertiefungen in der Muskulatur.

Mein David gefiel den Florentinern sehr. Das schönste Lob war für mich folgender Ausspruch: «Michelangelo hat einen Toten zum Leben erweckt.» In Florenz Anerkennung zu finden wollte etwas heißen, gelten doch die Einwohner dieser Stadt der Kunst als äußerst scharfe Kritiker. Eine heftige Debatte entbrannte dafür über die Frage, wo dieses Werk aufzustellen sei. Ursprünglich für den Dom bestimmt, sprang es nun jedermann ins Auge, daß der Gehalt dieser Skulptur nicht eigentlich religiös, sondern politisch war. Als Standort war also viel eher ein öffentliches Gebäude geeignet, am besten wohl der Palazzo Vecchio, von wo aus die Republik regiert wurde. Man ernannte eine Kommission. Daß darin neben den Vertretern des Handwerks auch namhafteste Künstler saßen – ich nenne nur Leonardo da Vinci, Giuliano und Antonio da Sangallo (die berühmten Architekten), die Maler Pietro Perugino, Sandro Botticelli, Domenico und David del Ghirlandaio (meine alten Lehrmeister), Simone del Pollaiolo –, erfüllte mich mit berechtigtem Stolz.

Die Meinungen dieser Kommission waren, wie nicht anders zu erwarten, geteilt. Die einen wollten meinen David unter

Der Bau der großen Kirchen war ein anspruchsvolles Unternehmen, das sich über mehrere Generationen hinzog. In der Bauhütte waren alle beteiligten Handwerker und Künstler zusammengefaßt.

die gotischen Loggien der Orcagna stellen, andere hingegen auf das Podium vom Palazzo Vecchio. Zum Glück fanden einige Mitglieder, man solle doch auch meine Meinung anhören! Jetzt also steht mein David dort an der Grenze der Stadtgemeinde, als wolle er diese Gemeinschaft beschützen. Ein symbolischer Verteidiger der Freiheit seines Volkes.

Der Transport freilich entpuppte sich als ein heikles Unterfangen. Pier Soderini, der Bürgermeister, berief dazu die besten Architekten von Florenz als Berater. Die Brüder Sangallo erdachten ein Holzgestell auf Rädern: dahinein hievte man meinen David und hängte ihn an dicken Seilen auf. Durch diese bewegliche Befestigung war sichergestellt, daß beim Verschieben die unvermeidbaren Stöße sich nicht auf die Skulptur übertrugen. Denn Marmor ist hart beim Bearbeiten, aber äußerst zerbrechlich an den exponierten Stellen. Ein leichter Hammerschlag auf die freistehenden Haarbüschel, auf die Finger, auf die Nase – und schon fallen sie ab! Auch Hals, Arme und Beine vertragen keine allzuheftigen Erschütterungen.

Drei Tage waren für den Transport nötig. Nachts mußte das Gestell mit dem kostbaren Inhalt durch Wachen gesichert werden. Nicht gerade, daß man befürchten mußte, der David würde gestohlen, aber man weiß ja nie. Und tatsächlich: In der zweiten Nacht schlich sich eine Bande Jugendlicher heran und bewarf den David mit Steinen. Acht konnten gefaßt werden und kamen ins Gefängnis. Was war denn das für eine *blinde, sinnlose Wut* gegenüber einem Werk, das ihnen nichts getan? Wie konnte man angesichts von Schönheit und Erhabenheit mit Steinen antworten anstatt mit Ergriffenheit?

Als die Figur des David endlich auf ihrem Sockel ruhte,

drohte meinem Kunstwerk erneut ein Unheil. Soderini, nachdem er lange den Jüngling von unten herauf betrachtet hatte, sprach zu mir: «Seine Nase scheint mir zu groß.» – «Es stimmt», gab ich zu, «sie bedarf noch der Feile.» Und ich stieg hinauf. Heimlich raffte ich eine Handvoll Marmorstaub zusammen, den ich darauf beim scheinbaren Feilen der Nase nach und nach zu Boden rieseln ließ. Dann rief ich hinunter: «Ist es jetzt gut?» – «Freilich, nun gefällt sie mir besser!» sprach der Bürgermeister befriedigt. Wie herzhaft haben wir später in unseren Künstlerversammlungen über diese Geschichte gelacht.

In jenem schönen Frühjahr des Jahres 1504 waren so viele Künstler in Florenz zugegen, und alle hatten sie Arbeit, denn die Vornehmen und Reichen wetteiferten untereinander mit der Vergabe ihrer Aufträge. Auch wir Künstler kennen den Ehrgeiz. Und so kam Soderini auf die glänzende Idee, einen künstlerischen Wettkampf zu veranstalten. Im Palazzo Vecchio sollte der Saal des Großen Rates ausgemalt werden, und zwar mit den großen Siegen von Florenz. Leonardo war damit beauftragt worden, die Schlacht von Anghiari darzustellen, als 1440 die Florentiner zusammen mit den päpstlichen Truppen die Mailänder besiegten. Er hatte seine Entwürfe beendet: Nun saß der berühmteste Künstler von Florenz hinter seinem Brettergerüst – das den neugierigen Blicken alles verhüllte – und übertrug seine Skizzen auf die Wand. Die allgemeine Spannung war enorm. Man konnte kaum den Tag erwarten, wo das Werk endlich gezeigt würde.

Vielleicht um Leonardo bei der Fertigstellung anzuspornen, erteilte man mir den Auftrag, ebenfalls zur Ausgestaltung des Saales beizutragen. Ich sollte auf einer anderen Wand die Schlacht von Càscina darstellen, den 1334 errungenen Sieg der Florentiner über die Pisaner. Als Leonardo nach Florenz zurückgekehrt war, begleitete ihn der Ruhm seines in Mailand vollendeten Freskos mit dem «Letzten Abendmahl». Ich hingegen hatte noch nicht allzuviel malerische Werke aufzuweisen. Immerhin konnte ich mit Befriedigung an das Rundbild denken, das ich für Agnolo Doni gemalt hatte. Eine «Heilige Familie» mit drei Gestalten, wobei ich diese so anordnete, daß der Eindruck einer sanften Rotation, einer ruhigen, nicht abbrechenden Drehbewegung entstand.

Wer würde wohl als Sieger dieses Wettkampfs mit den Pinsel hervorgehen? Doch es kam anders. Weder Leonardo noch ich konnten unsere Malereien zu Ende bringen. Ihn berief man erneut nach Mailand, mich nach Rom. Und diesmal war es niemand anders als der *Papst,* der mich in Dienst nehmen wollte ...

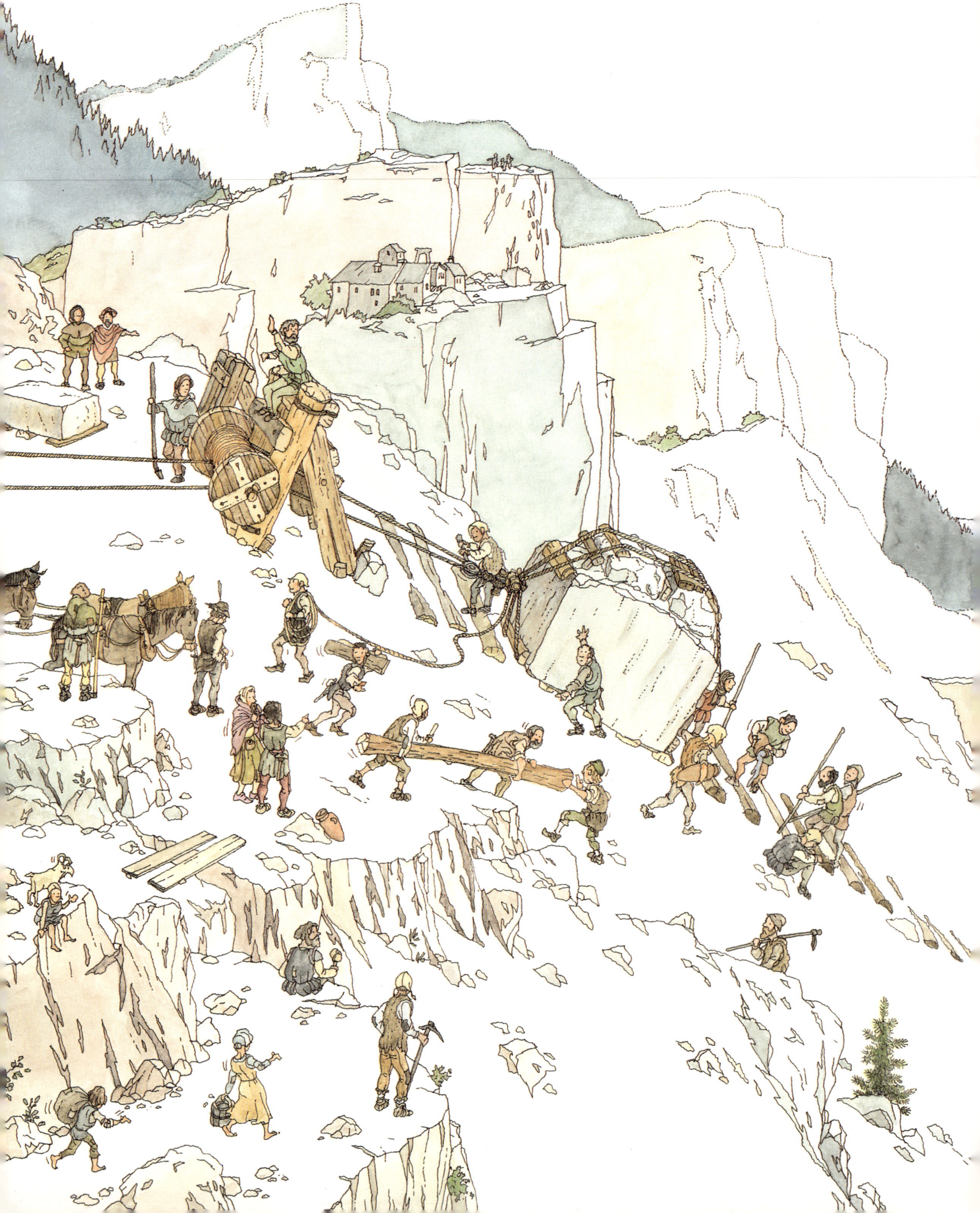

Das Leben in den Marmorbrüchen

Papst Julius II. wünschte sein eigenes Grabmal schon zu Lebzeiten ausführen zu lassen; und zwar wollte er es in der geplanten neuen Petersbasilika aufgestellt haben, welche den tausend Jahre alten Kirchenbau ersetzen sollte. Der Architekt Antonio da Sangallo, mein Freund, war es, der mich beim Papst für diesen Riesenauftrag empfahl. Nicht weniger als vierzig Statuen sollte das Grabmal aufweisen.

Mit großem Enthusiasmus sagte ich zu. Wie hätte ich damals ahnen können, daß dieses gigantische Unternehmen die Tragödie meines Lebens werden sollte? Dabei hatte doch alles so vielversprechend begonnen! Ein vorteilhafter und rechtskräftiger Vertrag wurde abgeschlossen. Ein Haus sollte mir im Vatikan zur Verfügung gestellt werden, damit ich möglichst bequem arbeiten konnte. Es herrschte völlige Übereinstimmung in bezug auf das Projekt.

Volle acht Monate verbrachte ich in den Marmorbrüchen von Carrara. Diese Brüche hatten schon die alten Römer ausgebeutet, ist doch die Reinheit und Schönheit des dortigen Marmors ohnegleichen. Unermüdlich suchte ich nach den reinsten Marmorblöcken, bemühte mich um deren Gewinnung. Dann überwachte ich den Transport nach dem sieben Kilometer entfernten Ligurischen Meer. Während ich mich dort oben aufhielt, verfolgte mich diese Idee: Die Spitze eines besonders hohen Berges, von der aus man weit auf die Meeresfläche hinaus schauen konnte, hätte ich am liebsten zur Gestalt eines Riesen zugehauen – ein willkommener Orientierungspunkt für die Schiffsleute.

Doch stärker noch war der Wunsch, baldmöglichst mit der Arbeit für das Grabmal beginnen zu können. Sobald in Pisa die Einschiffung des Marmors geregelt war, eilte ich nach Rom, um meine Werkstatt einzurichten. Endlich sah ich die ersehnten weißen Marmorblöcke auf Lastkähnen langsam den Tiber aufwärts kommen; an den Ufern wimmelte es von Schaulustigen, die sich fragten, wozu diese enorme Fracht wohl benötigt werde.

Papst Julius allerdings war der neugierigste von allen: Er ließ sich eine Passerelle errichten, die es ihm erlaubte, auf direktem Wege von seinen Palästen zu meiner Bildhauerwerkstatt zu gelangen. Er wollte sich in eigener Person vergewissern, wie ich arbeitete. Doch trotz all seiner Besuche sah ich kein einziges Geldstück. Für die Vorbereitungen hatte ich nicht nur mein letztes Geld vorgeschossen, sondern auch Schulden bei den Handwerkern und Spediteuren gemacht. Diese besuchten mich nun noch öfter als der Papst!

Als meine Gläubiger mir mit dem Tod drohten, beschloß ich, nicht eher aus der Audienz des Papstes zu gehen, als bis er mir die Einhaltung unserer Abmachung fest zugesagt hätte. Zur Antwort ließ mich Julius von seiner Garde vor die Tür werfen! Eine solche Beleidigung machte mich rasend vor Wut. Ich bestieg kurzerhand ein Pferd und verließ auf schnellstem Weg den Kirchenstaat. Nie mehr wollte ich meinen Fuß auf päpstliches Territorium setzen...

Papst Julius schickte mehrmals nach mir, aber ich blieb hart. Endlich ließ mich Pier Soderini zu sich rufen und ermahnte mich, meine Haltung zu überdenken. Ich sollte den Papst auf neutralem Boden treffen und mit ihm Frieden schließen. Julius nämlich befand sich auf einem Feldzug gegen die Stadt Bologna, deren Herrschaft ihm nicht paßte. Ich reiste also dahin. Während ich in San Petronio einer Messe beiwohnte, packten mich zwei päpstliche Knechte und brachten mich zu ihm.

Julius speiste gerade mit seinem Gefolge. Ich beugte mein Knie vor dem Obersten Hirten der Christenheit, der kein

Wort sprach. Ein junger Kardinal mischte sich ein: «Verzeiht ihm, Eure Heiligkeit, es ist nur ein armer Künstler, dumm und erbärmlich.» – «Dumm und erbärmlich bist du selbst!» sagte darauf der Papst. «Geh mir aus den Augen!» Der Papst wollte seine Oberherrschaft über Bologna sichtbar kundtun: mit seiner Statue in Bronze, die in die Fassade von San Petronio gestellt werden sollte. Ich machte ihm ein Modell: er saß auf seinem Thron, den einen Arm in segnender Gebärde erhoben, in der andern Hand ein Buch. «Wozu brauch' ich ein Buch», sagte er, «ich bin doch kein Gelehrter! Setze ein Schwert dafür ein.» Schließlich begnügte er sich mit einem Schlüssel, dem Zeichen seiner Macht.

Ich hatte vollstes Vertrauen zu Meister Bernardino. Doch als wir meine Plastik gossen, blieb ein Teil der Bronze im Ofen, und die Statue kam als Torso zum Vorschein. Meister Bernardino wurde überall verlacht – von den dummen Leuten, die nicht bedenken, daß jede Unternehmung eben auch ein *Wagnis* ist. Am einfältigsten zeigte sich der Maler Francia, den man in Bologna, aber auch nur dort, für einen großen Künstler hielt. Als ich da einmal seinen Sohn – es war ein Knabe von außerordentlicher Schönheit – auf der Straße antraf, sagte ich zu ihm: «Sag deinem Vater, er wisse die Figuren besser in natura zu gestalten als mit dem Pinsel!» So kriegte auch dieser eingebildete Mensch seinen Teil ab.

Die ganze Prozedur des Gießens mußten wir aber von vorne beginnen. Und in jenem Sommer war es so furchtbar heiß in Bologna, daß sogar der Wein verdarb. Ich hielt es in dieser Stadt kaum mehr aus. Mein grünes Florenz mit seinen sanften Lüftchen, mit dem erfrischenden Wein der Nachbarhügel stand mir ewig im Sinn. Endlich gelang das päpstliche Denkmal und konnte aufgestellt werden. Ich kehrte mit Freude nach Hause zurück. Doch diese ganze Mühe, man glaube es oder nicht, ist umsonst gewesen! Die Einwohner von Bologna wurden irgendwann der päpstlichen Herrschaft überdrüssig, es gab einen Volksaufstand. Sie rissen die Bronzestatue herunter und schleiften sie durch die Straßen der Stadt. Von meinem Werk ist nicht einmal ein Bruchstück übriggeblieben.

Papst Julius II. lenkte die Kirche von 1503 bis 1513: eine vitale Natur, scharfsinnig und voller Tatendrang, war er zugleich hilfsbereit und freigebig gegen die Armen; er war ein Freund der Kunst und berief Bramante, Raffael und Michelangelo in seine Dienste.

Zur Zeit von Michelangelo war der Guß einer Bronzestatue ein aufwendiges und gewagtes Unterfangen. Benvenuto Cellinis dramatische Beschreibung des Gießvorganges für seinen «Perseus» ist ein eindrückliches Zeugnis dafür.

Von der Sintflut zum Jüngsten Gericht

Wär' es nach meinem Willen gegangen, so hätte ich in meinem geliebten Florenz am Grabmal für Papst Julius weitergearbeitet. Ich mußte aber wohl oder übel nach Rom ziehen. Freilich erhielt ich sofort 400 Dukaten bar auf die Hand. Ferner sicherte mir der Papst weitere 100 Dukaten monatlich zu für die ganze Dauer meines Aufenthaltes in der Ewigen Stadt. So geriet ich erneut in die päpstliche Falle...

Julius hatte sich mit Höflingen umgeben, und diese versuchten natürlich seine Entscheidungen zu beeinflussen, gerade auch im Kunstfach. Mit ihnen sollte ich mich bald anlegen.

Der Architekt Bramante – er hatte das Glück gehabt, Assistent von Leonardo zu sein – gehörte zu den prominentesten Künstlern. Er war Berater des Papstes in allen architektonischen Fragen und durfte die vielen neuen Bauten für den Vatikan projektieren. Sein größter Auftrag war, den Plan für eine völlig neue Peterskirche zu entwerfen. Bramante vertrug leider seinen Erfolg schlecht. Er lebte auf großem Fuß, sein Haus glich dem eines Fürsten. So wollte das Geld nie ausreichen. Bramante fing an, an den verwendeten Baumaterialien zu sparen, seine Geschäfte wurden undurchsichtig. Tatsache ist, daß des öfteren die von ihm gerade gebauten Fundamente oder Mauern einzustürzen drohten und gleich saniert werden mußten. Mir ist ein solches Bauen ein Greuel. Kein Wunder, daß unsere Diskussionen immer in wütende Auseinandersetzungen mündeten. Und als sie dann beim Abbruch der alten Petersbasilika die schönen antiken Säulen zerstörten, bebte ich vor Wut! Begriff dieser unverantwortliche Mensch denn nicht, welchen Wert er damit vernichtete: riesige Steingebilde, aufs perfekteste bearbeitet und mit größten Mühen an ihren Standort gebracht.

Meine Einwände und Vorwürfe machten mich bei Bramante verhaßt. Er nahm sich vor, meine Arbeiten zu behindern. Es gelang ihm, dem Papst einzureden, daß es kein Glück bringe, wenn man sich schon zu Lebzeiten sein Grabmal richte. Julius II. begann tatsächlich am Grabmalprojekt zu zweifeln – bis er schließlich nichts mehr davon wissen wollte. Ich mußte die Arbeit an meinen Skulpturen einstellen.

Statt dessen sollte ich nun, Bramante hatte dem Papst auch diesen Rat gegeben, das gesamte Gewölbe der Sixtinischen Kapelle mit Fresken ausmalen. Hunderte von Quadratmetern, die mit Figuren zu füllen waren: jahrelang wäre ich hoch oben unter der Decke beschäftigt gewesen. So hätte ich keine Gelegenheit mehr gehabt, meine Nase in Bramantes Geschäfte zu stecken. Ein weiterer Hintergedanke war folgender: Raffael war gerade dabei, die Stanzen des Vatikans mit Fresken zu schmücken. Raffael aber war nicht nur Landsmann von Bramante, sondern auch dessen Freund. Man wollte mich wohl durch diese übermenschliche Aufgabe endgültig außer Gefecht setzen.

Immer wieder protestierte ich bei Papst Julius, daß Malen nicht mein Beruf, nicht mein Auftrag sei – ich wollte mit dem *Marmor* gestalten, dafür hatte man mich doch kommen lassen. Statt auf mich zu hören, ließ der Heilige Vater durch Bramante bereits eine spezielle Vorrichtung in der Sixtinischen Kapelle anbringen. Eigentlich ein genialer Gedanke: Eine Holzplattform schwebte in der Luft, befestigt war sie mittels dicker Seile, die am Dachstuhl verankert wurden. Doch diese Stricke mußten durch Löcher in

Die gesamte Decke der Sixtinischen Kapelle mit Fresken zu schmücken hieß, rund 500 Quadratmeter Fläche bewältigen...

der Decke hindurchgeführt werden; wenn dann nach beendigter Arbeit die ganze Hängevorrichtung entfernt war, blieben diese häßlichen Löcher übrig. Um diese zu stopfen und zu bemalen, hätte man wohl Flügel haben müssen...

Also ließ ich diese schwebende Plattform entfernen. (Die Seile schenkte ich einem meiner Gehilfen, der mit dem dafür erhaltenen Geld die Aussteuer von zwei Töchtern kaufte.) Dann gab ich ein sehr hohes Holzgerüst auf Rädern in Auftrag. Nun mußte ich mich an die Arbeit machen!

Ich begann mit der Darstellung der Sintflut. Schon bald wurden mir die Schwierigkeiten meiner Aufgabe voll bewußt. Das eine war es, die Figurenentwürfe auf den Kartons am Boden zu sehen, ein anderes, sie dann von unten herauf aus großer Distanz zu betrachten. Am besten wirkten Gestalten riesigen Ausmaßes, die, im Vordergrund sich bewegend, gleichsam nach unten gerichtet waren. Es kam noch erschwerend hinzu, daß der Betrachter ja die ganze Länge der Kapelle abschreitet und dadurch ständig seinen Standort verändert. Ich wollte das angefangene Stück Fresko nochmals malen, um es nun besser diesen Einsichten anzupassen. Aber Papst Julius war ungeduldig, er wollte Resultate sehen.

Als einige Figuren zu Ende gemalt waren, tauchte ein

Michelangelo schützte den Kirchturm von San Miniato vor den feindlichen Kanonenkugeln mit einer Schutzwand aus – Bettmatratzen. Die Familie Medici, 1527 aus Florenz verjagt, kehrte 1530 in die Stadt zurück.

neues Problem auf. In den farbigen Flächen entstanden weißliche Flecken. Ich zeigte die Bescherung Antonio da Sangallo, der gleich merkte, daß nicht die Farben schuld waren, sondern der Verputz. Die letzte Kalkmischung war zu dünn geraten. War am Ende auch hier Bramante mit im Spiel? So schickte ich schließlich alle Gehilfen weg und machte alles selbst.

Monate, Jahre verbrachte ich einsam auf meinem Holzturm. Doch ich war nicht einsam! Alle die Propheten und Sibyllen, alle die Vorfahren Christi bevölkerten meine Einbildungskraft – und nach und nach die Decke der Sixtina. Als Abschluß und Höhepunkt meiner Arbeit stellte ich Gottvater dar, wie er die Erde erschafft. Und wie er dem ersten Menschen das Leben schenkt: Hoch durch die Lüfte kommt Gott – mit seinen weißen Haarlocken, die im Winde wehen – auf Adam zugeflogen, der den Arm noch ohne jede Spannkraft ausgestreckt hat – im nächsten Augenblick wird der göttliche Zeigefinger seine schlaffe Hand berühren und ihm damit die Lebensenergie einflößen.

Jedesmal, wenn der Papst mich besuchte, stellte er dieselbe Frage: «Wann endlich bist du denn fertig mit dieser Deckenmalerei?» – Und ich erwiderte, ebenso stur: «Wenn ich so weit bin!» Da ergriff ihn einmal die Wut: Er packte einen Stock und versetzte mir damit einen tüchtigen Hieb.

Als Papst Julius II. im Sterben lag, erinnerte er sich meiner und beauftragte seine Neffen, mich das Grabmal beenden zu lassen. Doch den Erben schien dieses Projekt zu großzügig, will sagen: zu kostspielig, und so mußte ich meinen Plan zurechtstutzen. Bereits angefangene Statuen waren nun plötzlich nicht mehr erwünscht.

Diesem Dilemma entriß mich der neue Papst, Leo X., welcher, aus dem Hause Medici stammend, mich nach Florenz schickte. Ich sollte mich der Kirche San Lorenzo annehmen, die Brunelleschi gegenüber dem Palazzo Medici errichtet hatte. Zunächst war eine Fassade zu entwerfen, die des Innenraums würdig war. Mein Vorschlag gefiel dem Papst. Gleich begab ich mich nach Carrara, um nach dem nötigen Marmor Ausschau zu halten. Da erhielt ich von Rom den Befehl, die Brüche von Pietrasanta aufzusuchen, da diese auf florentinischem Boden lagen. Da aber von dort keine Straße zum Meer führte, wurde ich beauftragt, eine solche anzulegen. Statt als Bildhauer meine Marmorblöcke behauen zu können, war ich so genötigt, als Straßenbau-Ingenieur zu wirken.

Als ich endlich so weit war, mich an die Fassadengestaltung zu machen, hatte sich die politische Lage so zugespitzt, daß kein Potentat mehr an Kunst denken konnte. Der unaufhaltsame Aufstieg von Kaiser Karl V. und des Hauses Habsburg ließ die großen und kleinen Herrscher um den eigenen Fortbestand bangen. Die Bewohner von Florenz benutzten diese allgemeine Unsicherheit und verjagten erneut die Familie der Medici aus der Stadt.

Da man einen Angriff der päpstlichen Truppen und der Streitmacht der Medici erwartete, mußte die Stadtbefestigung verstärkt werden. Die florentinische Republik ernannte mich zum Generalkommissär. So mußte ich, der ich den Krieg hasse, als Militärarchitekt wirken. Ich tat es aus Liebe zu meiner Vaterstadt.

Doch die Medici konnten Florenz wieder zurückerobern und machten Jagd auf die Anführer der Gegenpartei. Auch mich suchten sie überall, ein zuverlässiger Freund aber hielt mich bei sich verborgen. Erst als man mir die Originalbriefe von Papst Clemens VII. vorzeigte – er war der zweite Medici auf dem Thron Petri –, verließ ich mein Versteck: Er verlangte von der Stadt, man solle mich unbehelligt lassen, ja mich zuvorkommend behandeln.

Denn ich sollte mich wieder mit San Lorenzo beschäftigen. Nicht mehr mit der Fassade, sondern mit dem geplanten Bibliotheksbau neben dem Kloster. Zudem wünschte der

Die Marmorfiguren für die Medici-Grabkapelle sind nur teilweise vollendet worden; einige Körperpartien «ruhen» für immer im noch kaum behauenen Stein.

Papst von mir die Baupläne für eine Medici-Kapelle samt dem Skulpturenschmuck für die Grabmäler von Giuliano und Lorenzo de' Medici, dem Sohn und dem Enkel von Lorenzo il Magnifico. Endlich, endlich durfte ich mich wieder der Bildhauerei widmen! Ich ging mit einer Freude und Schaffenskraft an die Arbeit, wie ich sie als Zwanzigjähriger gehabt hatte.

In ein paar Monaten gestaltete ich alle Marmorskulpturen der beiden Grabmäler. Meine Gehilfen besorgten die Ausführung der Rahmen und Urnen, doch wirklich helfen konnte mir niemand. Am schlimmsten war der Verwalter der Bauhütte – immer wollte er mir Befehle erteilen. Gottseidank nahm er eines schönen Tages den Hut und ging.

Die beiden Grabmäler sind ähnlich angelegt. Oberhalb des jeweiligen Sarkophags plazierte ich die sitzende Gestalt des Toten: Lorenzo, nachdenklich, und Giuliano, mehr dem Handeln zugeneigt. Zu ihren Füßen lagern, auf den abfallenden Deckeln der Sarkophage, der Tag und die Nacht, die Morgendämmerung und der Abend. Mit diesen zwei männlichen und zwei weiblichen Figuren habe ich viel ausdrükken wollen: den Gegensatz von jung und alt, von Leben und Tod, die Spannung zwischen Vergänglichkeit und Wiederauferstehung. Und ich wollte *die Schönheit* der Körper von Mann und Frau vor Augen führen.

Die Bewunderung für diese Mediceische Grabkapelle war allgemein. Nur der junge Herzog, Alexander Medici, verachtete mich nach wie vor wegen meines republikanischen Engagements. Er würde sich wohl sogar an mir gerächt haben, wenn ich nicht unter dem Schutz seines Onkels, also von Papst Clemens, gestanden hätte. Nur ihm war ich Gehorsam schuldig. Da man mir zu Hause wohl auf lange Zeit mit Mißtrauen begegnen würde, entschloß ich mich, nach Rom zu ziehen. Dort wartete immer noch das angefangene Grabmal von Papst Julius auf seine Vollendung.

Mein Leben lang haben sich meiner Arbeit Schwierigkeiten entgegengestellt. Nun waren es die Erben des Papstes, die mir das tägliche Brot verbitterten. Zweimal zerrten sie mich vor Gericht, behauptend, ich hätte viel Geld kassiert und dafür nichts geliefert. Durch Vermittlung von Clemens wurde ein Vergleich geschlossen: Ich sollte sechs weitere Statuen liefern. Wobei ich acht Monate jährlich daran arbeiten würde, während der Rest der Zeit mir gehörte. So konnte der Papst bewirken, daß ich ihm weiterhin für seine Projekte zur Verfügung stand.

Eine gewaltige Idee erfaßte ihn. Ich sollte das Jüngste Gericht an die Stirnwand der Sixtinischen Kapelle malen. Nein, ich war zu alt, um ein derart riesiges Unterfangen noch wagen zu dürfen. Da ich aber den Papst nicht enttäuschen wollte, versprach ich ihm, mit den Entwurfszeichnungen anzufangen. Das ließ mich Zeit gewinnen.

Tatsächlich starb Clemens VII. bald darauf. Doch sein Nachfolger aus der Familie Farnese, Paul III., gedachte die Pläne des Vorgängers zu verwirklichen. Er ließ mich rufen und teilte mir dies mit. Da er merkte, daß ich unentschlossen war, ging er zum Angriff über. Er suchte mich in höchsteigener Person in meiner Werkstatt auf und brachte gleich ein Dutzend Kardinäle mit. Alles mußte ich ihnen vorzeigen: meine Skulpturen, meine Zeichnungen, meine Entwürfe auf den Kartons.

Der Moses, welcher für das Grabmal von Julius bestimmt war, stand noch da. Noch jetzt sehe ich den Kardinal von Mantua vor mir, wie er voller Bewunderung meine Skulptur anschaute. Er sagte, diese einzige Statue sei genug, um das Gedächtnis eines Papstes würdig zu ehren. Da ich weiter darauf bestand, das Grabmal fertigzustellen, geriet Paul III. in Wut und drohte, mit eigenen Händen jenen Vertrag zu zerreißen. Er ließ in der Sixtina eine hölzerne Trennwand vom Boden bis zur Decke hochziehen, damit ich ungestört malen konnte. Da sagte ich zu.

Bei der Darstellung dieses Jüngsten Gerichts entfesselte ich meine Einbildungskraft. In einer gewaltigen Drehbewegung ordnete ich nahezu 400 Figuren zu einem dramatischen Szenario. Links zeigte ich die aufsteigenden Seligen, rechts die herabstürzenden Verdammten. In der Mitte der himmlischen Zone schwebt der Weltenrichter: nackt, jugendlich-athletisch und bartlos. Er hebt den rechten Arm zu einer Gebärde, der keine Macht widerstehen kann. Der Augenblick *der Wahrheit* ist da!

Ein großer, einsamer, zorngewaltiger Anführer des Gottesvolkes: der Mosesstatue verlieh Michelangelo auch Züge von Papst Julius II.

Michelangelo ist bereits ein Mann von sechzig Jahren, als er dem Papst die Entwürfe für das Jüngste Gericht vorstellt: nochmals 160 Quadratmeter Fläche, die mit Fresken gefüllt werden sollen!

Ein Zeichen der Hoffnung

Nachdem ich das Fresko des Jüngsten Gerichts in der Sixtina vollendet hatte, ernannte mich Papst Paul III. zum obersten Bauleiter von Sankt Peter. Zudem sollte ich die Familienresidenz, den Palazzo Farnese, zu Ende bauen (da Antonio da Sangallo gestorben war) sowie etliche andere Projekte in Rom betreuen.

In der Tat bedurfte das Stadtbild dringend der Pflege und der baulichen Erneuerung. Denn im Jahre 1527 waren die Truppen von Kaiser Karl V. bis nach Rom vorgedrungen, nachdem sie siegreich die Heere der antihabsburgischen Liga überwunden hatten. Vor den Toren der Ewigen Stadt wurde der Heerführer von seinen eigenen Soldaten erschlagen: da verwandelte sich die glänzende kaiserliche Streitmacht – ohne Führung und ohne Sold – in eine brutale Horde von Landsknechten. Rom wurde von ihnen gebrandschatzt. Papst Clemens VII. saß unterdessen in der befestigten Engelsburg, praktisch als Gefangener. Neun Monate dauerte dieser schlimme Zustand, der erst ein Ende fand, als der Papst sich ergab. Tausende von Toten und verheerende Zerstörungen waren bei diesem «Sacco di Roma» zu beklagen.

Ich nahm die oberste Leitung über die Bauhütte von Sankt Peter an, aber unter der Bedingung, daß ich dafür kein Honorar bekam. Das war *mein Protest* gegen die Art, wie man seit Jahrzehnten bei diesem gigantischen Bau wirtschaftete. Man verbrauchte, auf mehr oder weniger sinnvolle Weise, Unsummen von Geld. Und um dieses Geld zu beschaffen, verfiel die Kirche unter anderem auf folgende fragwürdige Idee: Jedem, der für den Bau der Peterskirche Geld spendete, wurde ein Sonderablaß versprochen. Darüber kam es zu derart starken Spannungen, daß die Christenheit in zwei Lager gespalten wurde: die Anhänger der Reformation Martin Luthers stehen den Papsttreuen gegenüber.

Leider hat es nie ein klares und endgültiges Bauprojekt für diese wichtigste Kirche gegeben. Jeder Papst und sein Hof hatten den Ehrgeiz, ihre künstlerischen Spuren zu hinter-

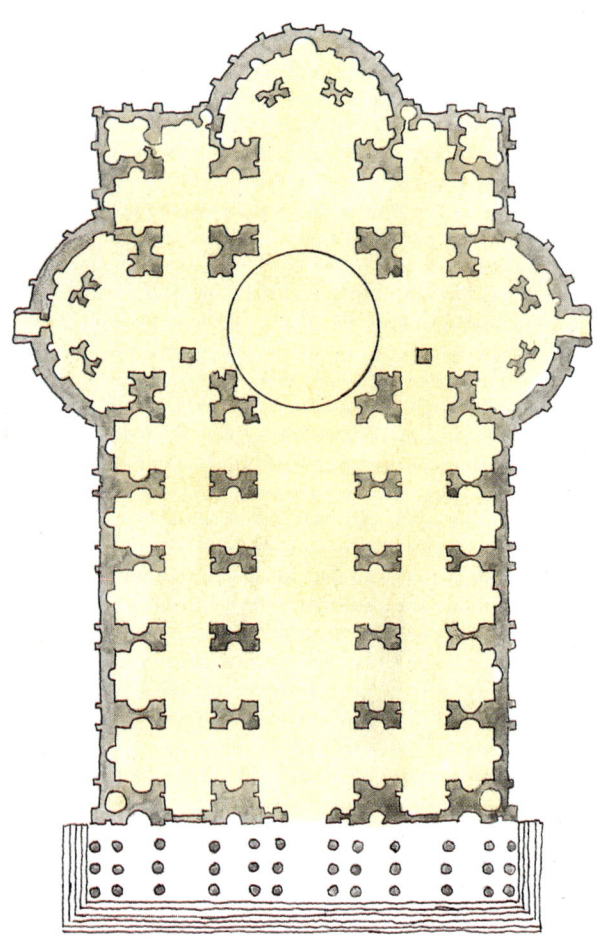

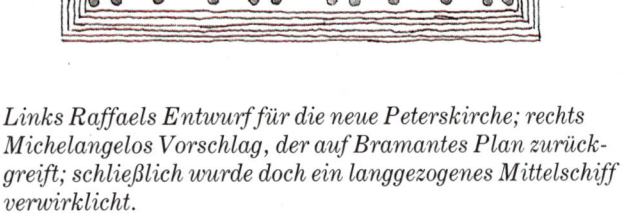

Links Raffaels Entwurf für die neue Peterskirche; rechts Michelangelos Vorschlag, der auf Bramantes Plan zurückgreift; schließlich wurde doch ein langgezogenes Mittelschiff verwirklicht.

lassen. Allerdings muß man sagen, daß die ursprüngliche Gestaltung durch Bramante gut war: Er hatte einen quadratischen Grundriß vorgesehen mit einem Turm an jeder Ecke, so daß das Innere ein Kreuz mit gleich langen Armen bildete; eine riesige Kuppel sollte das Ganze überwölben. Die Vorschläge von Raffael und Antonio da Sangallo verlängerten den einen Arm des kreuzförmigen Grundrisses. Sie wollten eine Kirche in Basilikaform bauen.

Ich, Michelangelo, kehrte zur ursprünglichen Idee von Bramante zurück: zur Idee des Zentralbaus. Alle Teile dieser majestätischen Kirche sollten auf ein einziges Zentrum bezogen sein. Einen Bau voller Klarheit wollte ich der Nachwelt hinterlassen, ein Gotteshaus, wo der Gedanke der Einheit für jeden Besucher sinnfällig würde. Doch ich fürchte, man wird nach meinem Tod die Pläne abermals ändern. Wer weiß, ob diese Kirche jemals ganz zu Ende gebaut wird?

Ich fühle mich jetzt sehr einsam. Alle meine großen Mitstreiter in der Kunst sind gestorben. Welcher Künstler soll diesen Bau weiterführen? Man möchte mich gern in Venedig haben, nach Frankreich kommen lassen. Doch ich bleibe hier in Rom. Dieser Ewigen Stadt möchte ich das Wahrzeichen schenken, das die Jahrhunderte überdauern wird – die Kuppel von Sankt Peter. Es soll die größte Kuppel der Welt sein. Ich werde sie, nach dem Vorbild der Domkuppel von Florenz, rippenförmig gliedern. Ich möchte sie möglichst der Halbkugel annähern; sie soll auf unser Erdenrund hinweisen und zugleich Heiterkeit und

Harmonie ausstrahlen. Ein Zeichen der Hoffnung in dunkler und zerrissener Zeit ...

Im Herzen von Rom, am ältesten und höchstgelegensten Punkt, auf dem Kapitolshügel, habe ich meine Idee von Stadtgestaltung verwirklicht. Der regelmäßig angelegte, monumentale Platz erhält seinen unverwechselbaren Glanz durch die antike Reiterstatue des Marc Aurel – des philosophischen Kaisers –, die ich in dessen Mitte aufgestellt habe.

Jetzt, da ich alt und berühmt bin, ehrt mich Rom über meine Verdienste hinaus. Der Großherzog von Florenz persönlich hat mich eingeladen, an die Ufer meines heimatlichen Arno zurückzukehren. Doch ich muß hierbleiben.

Ich bin immer noch, der ich war. Wonach ich mich sehne, jeden Tag, ist: einsam meinen Gedanken nachhängen und an meinen Marmorblöcken arbeiten zu dürfen, bis meine Visionen als wirkliche Kunstwerke vor mir stehen.

Gestern kam der Arzt und sagte mir, ich hätte die Steinkrankheit. Welches andere Leiden hätte mich denn sonst befallen können? Mich, Michelangelo, der ich ein Leben lang den Marmor und die in ihm verborgenen Figuren geliebt habe ...

Michelangelos besondere Aufmerksamkeit galt der Kuppel. Bis zu seinem Tod, 1564, war der Tambour erbaut; Giacomo della Porta und Domenico Fontana vollendeten den eigentlichen Kuppelbau nach Michelangelos Entwürfen: das 119 Meter hohe Wahrzeichen Roms.

Michelangelos Hauptwerke

1492   Kentaurenschlacht
(84,5 × 90,5 cm)
Florenz, Casa Buonarroti

1498/99   Pietà
(Höhe 174 cm)
Vatikanstadt, Peterskirche

1513–1515   Moses
(Höhe 235 cm)
Rom, San Pietro in Vincoli

1501–1504   David
(Höhe 434 cm)
Florenz, Galleria dell'Accademia

Um 1513   Der sterbende Sklave
(Höhe 229 cm)
Paris, Louvre

1526–1531   Die Nacht
(Länge 194 cm)
Florenz, Grabkapelle der Medici

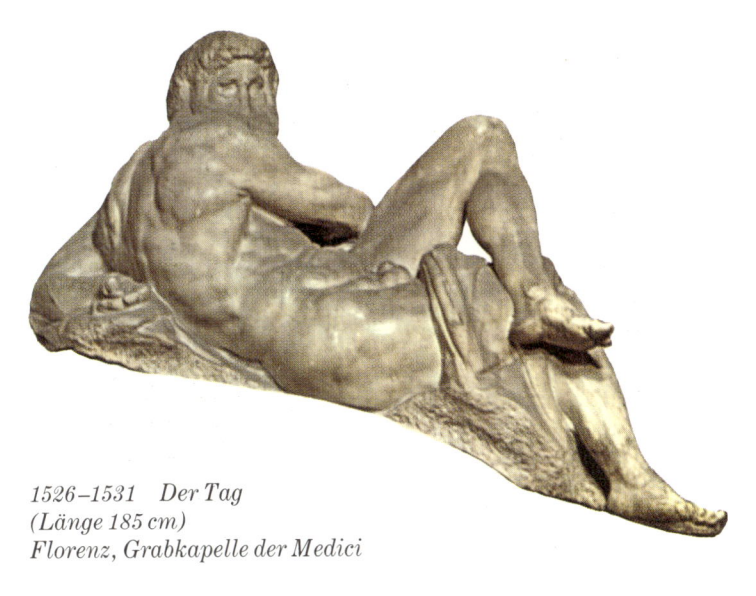

1526–1531   Der Tag
(Länge 185 cm)
Florenz, Grabkapelle der Medici

1524–1531   Lorenzo de' Medici
(Höhe 178 cm)
Florenz, Grabkapelle der Medici

1524–1531   Der Abend und die Morgendämmerung
(Länge 195 und 206 cm)
Florenz, Grabkapelle der Medici

1546–1564   Pietà Rondanini
(Höhe 195 cm)
Mailand, Castello Sforzesco

1503/04   Heilige Familie (Tondo Doni)
(Durchmesser 120 cm)
Florenz, Uffizien

1534–1541   Das Jüngste Gericht
(13,7 × 12,2 m)
Vatikanstadt, Sixtinische Kapelle

1508–1512   Libysche Sibylle
(Detail aus dem Deckenfresko
der Sixtina;
398 × 380 cm)
Vatikanstadt,
Sixtinische Kapelle

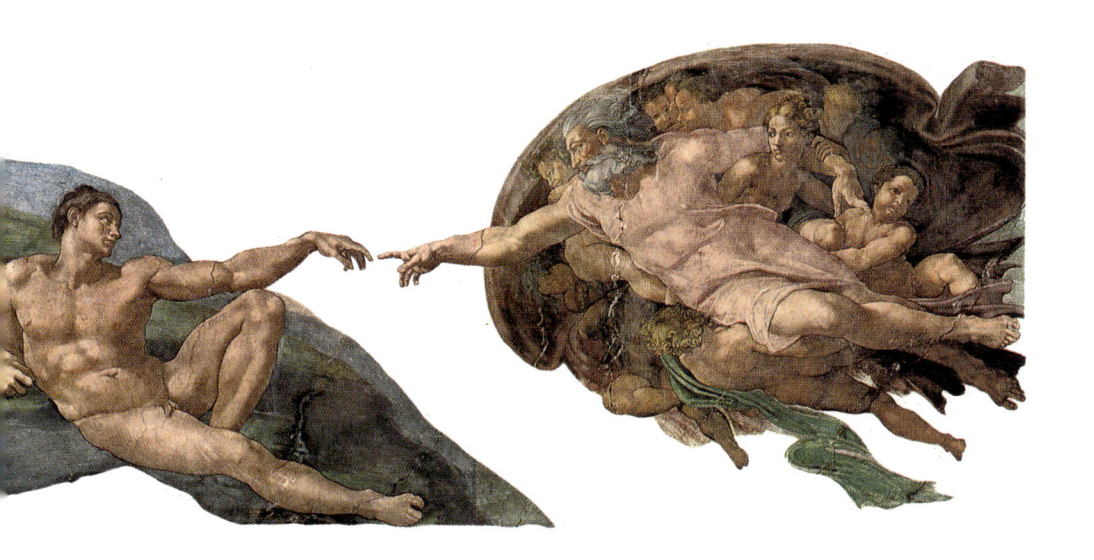

*1508–1512   Die Erschaffung Adams
(Detail aus dem Deckenfresko der Sixtina;
dieses mißt 36 × 13 m)
Vatikanstadt, Sixtinische Kapelle*

*Von 1547 bis zu seinem Tod 1564
war Michelangelo oberster Bauleiter
der Peterskirche in Rom:
die Kuppel ist sein künstlerisches
Vermächtnis*

*1517–1520   Fassade von San Lorenzo
Dieser Entwurf für die Kirche in Florenz
wurde nicht verwirklicht*

Aus dem Italienischen übersetzt und bearbeitet
von Robert Steiger

Textmitarbeit: Roberto Pasini
Michelangelo-Porträt: Marco Ventura
Fotos: Mondadori-Archiv (Mailand), Kodansha Ltd. (Tokio),
W. Mori (Mailand), T. Nicolini (Mailand),
Scala (Florenz)

© 1988 Arnoldo Mondadori Editore, Mailand
Titel der italienischen Originalausgabe:
«io Michelangelo. Michelangelo racconta se stesso
e il suo tempo»

© 1989 Artemis Verlag Zürich und München
für die deutsche Ausgabe
Printed in Italy
ISBN 3-7608-1004-7